Maik Pieper

Unsere letzte Reise

Vorwort

Während meine Mutter auf dem Rückflug nach Deutschland ist, fange ich schon mal an, unsere letzte Reise niederzuschreiben, bevor ich einen Tag später mit großen Sorgen nachreise.

Ich habe mich noch nie so einsam gefühlt an einem Ort, den ich als Urlaub geplant habe. Ein Urlaub mit Sonne, Meer und Strand wurde für mich zum Horror-Trip. Ein schlechter Film, wo man nicht die Hauptrolle spielen möchte, ein Roman, in welchem man nicht vorkommen möchte oder ein Traum, den man nicht träumen möchte. Ich war schon immer der Meinung, dass ein guter Film nicht unbedingt ein Happy End haben muss, aber ein guter Film braucht eine gewisse Filmlänge. In unserem Fall hätte unsere Liebe mehr Zeit verdient.

Ich bin hier auf der Insel ein Fremdkörper, der hier nicht sein sollte und erst recht nicht meine Mutter.

Mit der Einsamkeit komme ich grundsätzlich gut zurecht, aber die Hilflosigkeit und die Verzweiflung, die ich spüre, während ich meine Mutter im Krankenbett beobachtete, machte mich wahnsinnig.

Ich sehe und rieche ihren Tod, und das zerreißt mir mein Herz. Ich sehe nicht mehr meine Mutter, sondern sehe nur noch einen kleinen Haufen von Haut, Knochen und den Krebs. Ja, ich verfluche den Krebs. Der immer nur bei anderen war und mich und meine Liebsten verschont hatte. Der Anblick meiner Mutter macht mich nicht nur traurig, nein, ich spüre eine gewisse Wut, Verzweiflung und Angst.

Das, was ich vor mir sehe, ist meine Welt. Und zwar von Kindheit an gab es nur meine Mutter in meinem Leben und diese Welt zerbricht vor meinen Augen, ohne dass ich etwas tun kann! Ich habe jetzt nur noch einen Wunsch, dass meine Mutter keine Schmerzen mehr hat, und dass sie den Tod selbst nicht mitbekommt.

Meinen Schmerz, den ich verspüre, ist der Beweis, dass ich liebe. Liebe kann so unheimlich weh tun und dies sagte meine Mutter schon immer zu mir. Ihre Worte waren „Wenn zwei Menschen sich lieben und die Liebe wahrhaftig echt ist, wird einer von den beiden irgendwann leiden, weil nichts für die Ewigkeit ist."

Und ja, jeder weiß, dass es immer einen Anfang und ein Ende gibt. Jedoch möchte man sich darüber keine Gedanken machen. In meinem Fall muss ich sagen, dass ich vor diesem Moment schon von Kindheit an, Angst hatte.

Nun ist es so weit, mein Leben beginnt sich zu ändern und ich weiß, dass es nie wieder so sein wird, wie es einmal war und das, was ich verliere, wird mir niemand jemals ersetzen können. Denn diese Liebe zwischen mir und meiner Mutter ist etwas ganz Besonderes, was mir auch der Tod nicht nehmen kann. Aber mein Herz wird nie wieder vollständig sein und dieses Gefühl werde ich von nun an, immer mit mir tragen.

Meine Mutter hat im Krankenhaus vor ein paar Tagen mir genau diese Worte gesagt: „Schreib ein Buch ... unsere letzte Reise."

Und das hier ist der Anfang, welchen ich auf Sardinien beginne, während meine Mutter schon auf den Weg nach Deutschland ist.

An meine Mutter: „Egal wo du gerade sein magst, ich spüre dich mit jeder Zeile und werde so schnell wie möglich deine Hand halten. Ich bin gedanklich jede Sekunde bei dir und schreibe das Buch für dich ..."

Ich werde versuchen, so authentisch wie möglich von unserer letzten Reise zu berichten, aber es gibt Dinge, die ich mit meiner Mutter erlebt habe, die meine Mutter, mir als Kind, nie zumuten wollte. Diese Erlebnisse, werde auch ich mit ins Grab nehmen, denn diese Erlebnisse in den letzten Tagen waren zu intim und menschenunwürdig. Ich werde diese erlebten Ereignisse in meinem ganzen Leben nicht vergessen und das, was wir zusammen erlebt haben, ist für mich teilweise schrecklich gewesen, weil unsere Liebe so echt ist, wie sie nur sein kann und kein Kind sollte seine Mutter so erleben müssen. Ich weiß, dass sie mich mein Leben lang vor schlimmen Situationen schützen wollte, und auch immer Stärke gezeigt hat, auch wenn sie schwach war. Meine Mutter so zu sehen, war für mich die Hölle auf Erden. Ich habe meine Mutter unbedingt in dieser Zeit begleiten wollen. Aber, was ich bis zu ihrem Tod erlebt habe, ist das, was sie nie für mich wollte.

Die Dramatik, die ich mit ihr im Krankenhaus auf Sardinien erleben musste, hat mich zu einem anderen Menschen gemacht. Das Beste, was ich im Leben hatte, habe ich nicht nur verloren, sondern musste miterleben, wie der Krebs meine Mutter auf unwürdiger Weise in den Tod brachte.

Und selbst ihren Humor, den meine Mutter so auszeichnete, nahm ihr der Krebs, sodass davon am Ende nichts mehr davon übrig blieb.

Dieses Buch fing ich an zu schreiben, als meine Mutter noch lebte und beendete es etwa eineinhalb Jahre nach ihrem Tod.

Zum einen, weil ich vorerst Abstand von diesem schmerzhaften Verlust brauchte und zum anderen, damit ich auch davon schreiben konnte, wie mein Leben in den ersten Monaten nach dem Tod meiner Mutter verlief. Mit all dem Schmerz, dem Kummer und dem Versprechen an meine Mutter, mich nicht aufzugeben.

Außerdem habe ich mich lange nicht getraut wieder in diese Gefühlswelt einzutauchen. Mein Ziel ist es aber gerade, den Lesern in meine Gefühlswelt eintauchen zu lassen und zu zeigen, wie schmerzvoll und wunderbar meine Liebe zu meiner Mutter war …..

Kapitel 1

Ich habe den Sitzplatz C18 in einer Dreierreihe und
sitze ganz außen. Das Flugzeug füllt sich und ich
beobachte die Menschen. Die Kinder sehen
fröhlich aus und die Eltern erholt und braun
gebrannt. Die Paare wirken auf mich harmonisch.
Man kann erkennen, dass hinter ihnen eine schöne
Zeit liegt. Ich scheine der Einzige zu sein, der allein
fliegt. Ich kann glückliche Menschen sehen und
versuche dabei, meine Tränen zu unterdrücken.

Ich frage mich, ob die anderen in meinem Gesicht
erkennen können, dass ich gerade einen Horror-
Trip hinter mir habe? Dies könnte man so niemals
denken, schließlich sind wir am Flughafen auf
Sardinien und das ist der Inbegriff von einer
schönen Urlaubszeit mit Strand, hervorragendem
Essen und einem Farbenspiel von türkisblauem
Wasser.

Das Flugzeug schließt die Türen und alle schnallen sich an und sitzen auf ihren Plätzen.

Meine Reihe bleibt außer mir leer und es passt irgendwie zu meiner Situation und zu meinem Empfinden. Ich fliege alleine, meine Reihe ist leer und ich fühle mich leer, einsam und alleingelassen. Eine Leere, die ich so noch nie gespürt habe. Ich könnte nur noch heulen und muss mich sehr konzentrieren, dass die Welle an Tränen nicht aus meinen Augen fließt.

Als wir die Höhe erreicht haben, setze ich mich ans Fenster. Ich sehe einen hellblauen Himmel und fluffige Wolken schmücken und verschönern das Bild, welches ich sehe. Es sieht so friedlich und harmonisch aus, dass man denken könnte, jedes Problem, welches einen beschäftigt, hat von hier aus keine große Bedeutung mehr, weil wir Menschen immer unbedeutender werden, je weiter wir von der Erde entfernt sind. In meinem Fall jedoch zerbricht gerade meine Welt und zwar direkt vor meinen Augen und ich kann nur hilflos dabei zusehen. Beschreiben, wie ich mich in dem Moment fühle, kann ich nicht.

Verzweiflung, Leere, Angst, extreme Traurigkeit, Wut und Erschöpfung sind die Wörter, die mir in den Kopf kommen, aber es fühlt sich viel schlimmer an, als irgendein Wort es beschreiben kann.

Während ich aus dem Fenster schaue, lasse ich die letzten Tage Revue passieren, bei den Gedanken wird mir übel, mein Magen rebelliert und mein Herz fühlt sich zerbrochen an. Während ich die Wolken betrachte, höre ich von den Manchester Orchestra das Lied „The Silence" aus meinen Kopfhörern und spüre das Lied sehr intensiv. Die nächsten Stunden höre ich immer und immer wieder nur dieses eine Lied, ohne es ein einziges Mal ganz bis zum Ende zu hören, da der letzte Abschnitt des Songs mich nervt. Normalerweise höre ich nicht laut Musik mit dem Kopfhörer, aber diesmal ist es anders.

Ich drehe die Musik bis zum Anschlag auf, als könnte der Klang der Töne so meinen Schmerz ersticken oder zumindest etwas unterdrücken.

Kapitel 2

Natürlich wusste ich, dass dieser Urlaub unser letzter sein wird, und dass der geplante Sardinien-Urlaub sehr optimistisch von uns im letzten Jahr überlegt wurde. Von unseren drei großen Urlauben, die wir dieses Jahr geplant hatten, war der Sardinien-Urlaub für meine Mutter der wichtigste, oder worauf meine Mutter sich am meisten gefreut hatte. Man hätte ihn sicherlich vor den anderen setzen sollen, aber sie wollte mit der ähnlichen Truppe, wie im letzten Jahr, Urlaub machen. Leider ging die Rechnung nicht auf. Meine Mutter hat weder den Strand gesehen noch das Meer.

Während wir mit dem Caddy nach Genua gefahren sind und ich nebenbei, während der Fahrt erfahren habe, dass meine Mutter seit drei Tagen nichts mehr gegessen hatte und kaum Flüssigkeit zu sich nahm, wusste ich, dass dieser Urlaub nicht gut ausgehen kann. Ich hätte platzen können vor Wut, dass wir diese lange Reise tatsächlich noch gemacht haben und meine Ma ihren sehr schlechten Zustand geheim hielt. Natürlich konnte ich erkennen, dass es ihr nicht gut ging, und dass sie die letzten Wochen stark abgebaut hat, aber ich wusste, wie wichtig ihr dieser Urlaub war und bin davon ausgegangen, dass sie wenigstens etwas Nahrung und etwas mehr Flüssigkeit zu sich genommen hatte. Doch sie wollte nicht, dass ich von ihrem wahren Zustand wusste.

Vielleicht auch, weil ich von Anfang an gegen diesen Urlaub gewesen war. Denn weder unseren Wohnmobil-Urlaub im Juli noch unseren Aida-Urlaub im August konnte sie wirklich genießen.

Nach der Information von ihrem wirklichen Zustand und mit dem Wissen, dass meine Mutter nichts mehr essen und trinken kann, ohne sich zu übergeben, wusste ich, dass dieser Urlaub eine Katastrophe werden würde.

Abends auf der Fähre oben auf dem Deck konnte ich den Anblick meiner Mutter im Rollstuhl nicht mehr ertragen. Sie war geistig nicht mehr bei uns und ihre Augen waren nur noch leer. Ein kleiner Haufen Mensch, der nur noch aus Krebs bestand und ich konnte sie nicht mehr wirklich gut verstehen. Das, was ich sah, war nicht mehr meine Mutter. Wir standen da oben auf dem Deck zusammen und ich musste die Gruppe verlassen. Ich ging weg, um für mich alleine bitterlich zu weinen. Dieser Moment war für mich der traurigste in meinem Leben und mein Herz bekam einen Riss, der nie wieder heilen würde. Man kann so einen Riss nicht einfach zunähen oder ein Pflaster draufkleben. Das wäre zu schön, wenn man den Schmerz dadurch mildern könnte. In dem Moment wusste ich, dass diese Wunde in meinem Herzen unheilbar sein würde.

Kapitel 3

Als ich dann in meiner Kabine war und im Bett lag, hatte ich zum ersten Mal richtig Angst, meine Mutter nicht mehr wiederzusehen. Ich schlief schlecht und mir war übel vor Sorge. Ihr Tod war nun sehr präsent. Zu sehen, wie meine Mutter litt, ließ mich als Sohn verzweifeln. Ich war maßlos überfordert mit dieser Situation. Irgendwann hat trotz dieses unerträglichen schmerzvollen Gefühls die Müdigkeit gesiegt und ich bin eingeschlafen.

Am nächsten Morgen klopfte ich an der Kabine von meiner Mutter an. Als Kay, der Freund meiner Mutter, die Tür öffnete, sah ich sie da liegen und mir wurde schlecht vor Angst. Ihre Worte „Lieber Gott, nicht jetzt" sorgten dafür, dass ich innerlich in Panik geriet und spürte, wie mein Herz schneller schlug. Ich wusste sofort, dass es ernst war und in dem Moment war mir Kay zu ruhig und unsere Worte überschlugen sich und ich wurde hysterisch, während ich nur noch hörte, dass meine Mutter sagte: „Hört auf zu streiten, das kann ich jetzt nicht gebrauchen." Ich fragte sie, was los sei und sie sagte, dass sie Herzstechen habe und Atemnot.

Ich machte mich sofort auf den Weg und suchte den Schiffsarzt. Die Flure waren voll mit Passagieren, die auschecken wollten und überall waren Koffer. Mit Hilfe des Google-Übersetzers informierte ich jemanden vom Personal, dass es meiner Mutter ganz schlecht geht, und dass sie Krebs im Endstadium hat. Ich war energisch und pochte darauf, dass wir schnell Hilfe bräuchten. Als ich die Kabinennummer durchgegeben hatte, eilte ich zurück. Zurück in der Kabine kam es mir vor wie eine Ewigkeit, bis endlich der Schiffsarzt kam.

Vielleicht tue ich dem Arzt unrecht, aber mir kam es vor, als würde er in Zeitlupe Richtung Kabine schlendern – am liebsten hätte ich ihn geschoben, damit er endlich mit der Untersuchung beginnen würde. Seine Ruhe und Gelassenheit machte mich wütend und nachdem er den Puls gemessen hatte, empfand er den Zustand nicht kritisch genug, um den Notarzt zu rufen und sie gleich ins Krankenhaus zu fahren. Ich konnte dies nicht nachvollziehen, bei den Informationen, welche ich ihm gegeben hatte.

Alle Passagiere hatten die Fähre verlassen. Wir waren die letzten, die von Bord gingen und den Weg zum Auto suchten.

Als wir dann zum Campingplatz fuhren, stand für mich sofort fest, dass wir an dem Tag noch ins Krankenhaus fahren müssen, egal was meine Mutter dazu sagen würde. Da würde ich nicht mit mir diskutieren lassen.

Als wir etwas später auf dem Campingplatz ankamen, suchte ich das Gespräch mit Ede, einem unserer Freunde, der sich auf Sardinien auskennt und einen Italiener auf Sardinien kennt, der Deutsch spricht, um ihn als Dolmetscher mit ins Krankenhaus zu nehmen. Leider war der Freund nicht erreichbar und ein „eigentlich wollte er heute oder morgen auf dem Campingplatz vorbeischauen" reichte mir als Aussage nicht aus. Ich wusste, ich würde alleine mit meiner Mutter ins Krankenhaus fahren müssen – dann eben ganz ohne Italienisch Kenntnisse. Die Lage war für mich zu ernst, um weiter abzuwarten. Gesagt - getan: Ich fuhr mit Kays Caddy zum nahegelegenen Krankenhaus und dank Google-Übersetzer landeten wir nach einigen Minuten in der Notaufnahme. Zu dem Zeitpunkt wusste ich noch nicht, dass die nächsten Tage mein Google-Übersetzer permanent im Einsatz sein würde.

Kapitel 4

Meine Mutter saß teilnahmslos im Rollstuhl und ich sah es ihr an, dass es ihr sehr schlecht ging. Die Kotzbeutel waren immer öfter im Einsatz. Obwohl ich nun im Krankenhaus war und uns angemeldet hatte, fühlte ich mich nicht sicherer oder gut aufgehoben bei den Ärzten. Ich hatte ihnen alle Informationen weitergegeben, doch nichts tat sich. Ich hatte das Gefühl, dass die Fachkräfte den Ernst der Lage nicht verstanden hatten.

Ich kannte meine Mutter. Sie war nicht wehleidig und sie war eine verdammt starke Frau, besonders wenn ich in der Nähe war. Ich konnte es an ihrem Blick erkennen, dass ihr Zustand bedrohlich war und sie konnte nicht mehr sitzen. Ein anderer italienischer Patient im Raum fluchte und schimpfte, weil er ebenfalls Schmerzen hatte. An seiner Gestik und Mimik konnte ich ablesen, dass er schon lange warten musste. Die Zeit verrann und es dauerte Stunden. Während all der Wartezeit kam schon länger kein Personal mehr vorbei. Ich wurde langsam nervös und merkte, dass ich kurz davor war, auszuflippen.

Als meine Mutter sagte, sie könne nicht mehr, sie müsse liegen und ich schon den dritten Kotzbeutel entsorgt hatte, ging ich zum Anmeldeschalter und schlug energisch gegen die Scheibe. Lautstark fluchte ich und machte mich bemerkbar. Meine Geduld war nicht mehr vorhanden und der italienische Patient zeigte mit dem Daumen nach oben, um so sein Verständnis kenntlich zu machen.

Kurze Zeit später kam eine Schwester und guckte mich mit großen Augen an. Ich schimpfte laut und wütend in meinem Handy, das jedes Wort übersetzte – was genau das Handy aus meinen wütenden Sätzen machte, wusste ich nicht. Ich drängelte mich vor. Der Italiener wusste genau, dass ich nicht bereit war, zu diskutieren, ließ mich vor und zeigte Verständnis.

Ich schob meine Mutter in einen anderen Raum und ließ sie allein zurück, da ich nicht dabei sein durfte. Die Schwester verlangte von mir, wieder im Wartezimmer Platz zu nehmen. Die Tränen schossen mir in die Augen und ich sagte ihr, dass ich meine Mutter nicht alleine lassen könne, weil ich wüsste, dass meine Mutter zu nichts mehr fähig sei.

Ich blieb im Flur und sah, wie meine Mutter auf der Liege weggeschoben wurde. Ich rief instinktiv meiner Mutter hinterher, dass ich sie lieben würde und im Flur auf sie warten würde. Ich hatte nur noch Angst und weinte bitterlich.

Eine halbe Stunde später kam der Chefarzt zu mir und wir redeten mit Hilfe des Google-Übersetzers. Unser Gespräch war kompliziert und langatmig, weil viele Übersetzungen nicht genau genug und nicht schlüssig waren. Dennoch bekam ich mit, dass meine Mutter sofort in ein anderes Krankenhaus gebracht werden musste. Ich hatte viele Fragen, sodass der Übersetzer gar nicht mehr beim Frage-Antwort-Spiel zwischen dem Chefarzt und mir hinterherkam. Er schrieb mir die Adresse von dem anderen Krankenhaus auf. Just in diesem Moment sah ich durch ein Fenster, dass meine Mutter in einen Notfallwagen geschoben wurde und der Wagen sich langsam in Bewegung setzte. Das Gespräch mit dem Chefarzt war abrupt beendet, denn ich sprintete, ohne groß zu überlegen, direkt los.

Ich rannte dem Wagen hinterher und winkte wie wild, bis ich bemerkt wurde und der Wagen wenige Sekunden später zum Stehen kam und ich einsteigen konnte. „Küken", sagte ich zu ihr, in der Hoffnung, dass sie es mitbekäme. „Du wirst in ein anderes Krankenhaus gebracht, ich fahre zum Campingplatz und hole ein paar Sachen und fahre gleich hinterher. Mache dir keine Sorgen, ich finde dich und ich bin später bei dir. Halte durch!!!" sagte ich lauter, denn ich war mir nicht sicher, ob sie meine Worte überhaupt noch wahrgenommen hat.

Dann stieg ich aus und sie fuhren ohne mich weiter. Ich kehrte zum Chefarzt zurück, den ich ja einfach so stehen gelassen hatte und beendete unser zuvor begonnenes Gespräch.

Anschließend machte ich mich auf direktem Weg zum Campingplatz, wo ich zusammen mit Kay ein paar Sachen für meine Mutter und mich zusammenpackte. Wir beeilten uns, sodass ich nach kurzer Zeit wieder losfahren konnte, um so schnell wie möglich zurück bei meiner Mutter sein zu können.

Kapitel 5

Laut der Anzeige im Navigationssystem des Handys
hatte ich eine siebzigminütige Autofahrt bis zum
Krankenhaus vor mir.

Ich versuchte, mich zu bremsen, um nicht zu
schnell zu fahren, denn eine Auseinandersetzung
mit der Polizeikontrolle war das Letzte, was ich in
dieser Situation gebrauchen konnte.

Die Sonne ging langsam unter und ich wusste, dass
ich im Dunkeln ankommen würde. Es war ein
langer aufregender Tag und mein ganzer Körper
zitterte. Während ich weiterfuhr, spürte ich Tränen
an meinen Wangen herunterlaufen.

Ich hatte während der gesamten Autofahrt nur das
Gesicht meiner Mutter, und wie man den Tod in
ihren Gesichtszügen ablesen konnte, vor Augen.
Ich spürte Panik und Verzweiflung in mir und hatte
Angst, dass ich zu spät ankommen könnte und
meine Mutter alleine irgendwo liegen und sterben
würde.

Der Gedanke daran machte mich wahnsinnig. Ich kam schließlich in einem kleinen Ort an, der auf mich nicht so wirkte, als könnte hier wirklich ein Krankenhaus sein. Ich hoffte, dass das Navi mich richtig geführt hatte. Es war sehr dunkel, es gab viele kleine Schilder und enge Straßen. Ich fuhr steil die Straße aufwärts und sagte mir, hier könne doch unmöglich ein Krankenhaus sein. Auch das Navi war überfordert, leitete mich so, dass ich dann nur noch instinktiv umherfuhr. Ich sah in der Dunkelheit weder Schilder, die nach einem Krankenhaus wiesen, oder Gebäude, die wie eines auch nur annähernd aussahen. Auch kein großes Gebäude mit heller Beleuchtung tat sich im Dunklen auf, und ich hatte die ganze Zeit Angst, nie bei meiner Mutter anzukommen.

In den engen Gassen, in welchen ich umherfuhr, sah ich keine Menschenseele, die ich nach dem Weg hätte fragen können, und ich wurde immer nervöser. Ich schimpfte und fluchte, ich hasste diesen Ort schon jetzt schon.

Irgendwann, als die Situation aussichtslos schien, hielt ich mitten auf der Straße an und klingelte einfach bei irgendeinem Haus.

Eine alte Dame erschien auf dem Balkon und ich fragte nach dem Hospital. Sie verstand mich nicht. Über den Google-Übersetzer versuchte ich ihr klarzumachen, was ich wollte, jedoch merkte ich schnell, dass sie nicht lesen konnte, und ich fragte mich, wo ich hier nur gelandet war.

In diesem Bergdorf konnte doch unmöglich ein Krankenhaus sein, dachte ich mir. Ein Auto kam nicht an meinem Auto vorbei und musste halten. Ein alter Mann mit seiner Frau saßen in dem Auto und ich versuchte bei ihnen mein Glück und konnte ihnen tatsächlich vermitteln, wo ich hin wollte. Die Wegbeschreibung des Mannes hörte sich kompliziert an. Er sah mir wohl meine Verzweiflung an, denn er gab mir irgendwann zu verstehen, dass ich ihm einfach folgen sollte. Ich verspürte Erleichterung und bedankte mich mehrmals herzlich.

Ein paar Minuten später parkte ich vor dem Krankenhaus, welches wie ein Wohnblock aussah. Jetzt musste ich nur noch reinkommen und meine Mutter finden, was in den Zeiten von Corona nicht so einfach war. Ich fragte einen Mann, der in einem Notarztwagen saß, wo ich meine Mutter finden könnte, die heute eingeliefert wurde. Er war etwa Mitte 40, also in meinem Alter, und sehr freundlich. Er kümmerte sich um mich und brachte mich, ohne einen Corona-Test vorzeigen zu müssen, vorbei an den Kontrollen zur Leiterin des Krankenhauses. Man konnte sicherlich meine Sorgen, Ängste und Verzweiflung in meinen Augen erkennen.

Ich war jedem Einzelnen sehr dankbar, dass ich nun in der Abteilung angekommen war, in welcher meine Mutter lag.

Die zuständige Ärztin war sichtlich erfreut, dass ich da war. Ihr Englisch war nicht viel besser als mein Schulenglisch und somit kommunizierten wir mit dem Übersetzer. Sie war sehr verständnisvoll und zeigte mir viel Mitgefühl wegen meiner Situation. Sie sagte, dass es ihr sehr leid tue, dass meine Mutter so krank sei. Sie erklärte mir, welche Untersuchungen sie durchgeführt habe, und dass meine Mutter nun schlafe. Ich dürfe für 20 Minuten zu ihr und müsse dann das Krankenhaus verlassen.

Ich sagte ihr, dass ich bei meiner Mutter bleiben müsse und weinte dabei. Sie hatte Mitleid und gab mir anschließend 40 Minuten. Doch auch nach Ablauf der Zeit sagte ich, dass ich doch meine Mutter hier nicht alleine lassen könne, und dass wir zusammen gehören würden. Ich würde nicht wieder zum Campingplatz zurückfahren und würde sonst im Caddy schlafen, um gleich morgen früh bei meiner Mutter sein zu können.

Es ging hin und her, denn eigentlich dürfte ich ohne gültigen PCR-Test gar nicht im Krankenhaus sein. Doch die Ärztin fasste sich ein Herz und drückte beide Augen zu. Sie veranlasste, dass meine Mutter ein Einzelzimmer bekam und ich durfte mit einer FFP2-Maske bei ihr in ihrem Zimmer schlafen. Ein Pfleger besorgte einen alten zerrissenen Sessel, der wohl aus den sechziger Jahren stammte, und schob ihn in das Zimmer von meiner Mutter.

Als ich meine Mutter da liegen sah, war das ein trauriger Anblick. Ob und wie sehr sie mich wahrnahm, wusste ich nicht.

Ich sah den Ständer, an welchem drei Flaschen hingen und an einer Flasche war sie mit einem Schlauch verbunden. Ich war froh, dass ihr Körper endlich Flüssigkeit bekam und sie versorgt war.

Auch wenn das Krankenhaus keinen guten Eindruck machte und sicherlich keinen hohen Standard hatte, wurde sie hoffentlich bestmöglich versorgt. Ich nahm ihre Hand und flüsterte ihr zu: „Ich bin jetzt da und ich bleibe bei dir." Sie flüsterte irgendwas zurück, aber ich konnte sie nicht verstehen. Das Wichtigste war nun sowieso, dass sie wusste, dass ich da bin.

Ich versuchte auf dem Sessel, irgendwann zu schlafen, aber das war, obwohl ich todmüde war, unmöglich.

Später schaute der Pfleger vorbei. Er hatte mir eine Liege besorgt und ich durfte auf dem Flur liegen, da das Zimmer zu klein war. In der Nacht wurden Trennwände aufgebaut, sodass ich etwas geschützt mein Lager aufschlagen konnte.

Es war recht unbequem und ich hatte keine Decke – trotzdem war ich so dankbar, dass ich einfach nur liegen konnte.

An Schlaf war nach wie vor kaum zu denken. Immer wieder fielen mir kurz für Sekunden oder vielleicht Minuten die Augen zu – doch dann schreckte ich wieder hoch.

Irgendwann spürte ich, wie eine dünne Decke über meinen Körper gelegt wurde und als ich meine Augen öffnete, sah ich eine ältere Dame, offensichtlich eine Patienten, aufgestützt auf ihrem Rollator, die etwas auf Italienisch flüsterte, was ich natürlich nicht verstand. Sie lächelte mich sanft an und ich lächelte zurück und sagte nur „Mille Grazie" und war gerührt von der Herzlichkeit der Menschen hier.

Kapitel 6

Ich saß im Sessel, als meine Mutter wach wurde.
Sie lebte und nur das zählte, auch wenn sie vom
Krebs sehr gezeichnet war.

Obwohl ich wusste, dass wir nur noch eine sehr
begrenzte Zeit haben würden, war die Hoffnung
groß, dass sie sich wieder erholen würde und wir
doch noch einige Wochen oder vielleicht Monate
haben würden. Zu dem Zeitpunkt habe ich
natürlich nicht ahnen können, dass der Tod
eingeläutet wurde und sie nie wieder etwas
anderes sehen würde, als das Innenleben eines
Krankenhauses.

Es ging ihr etwas besser als die Tage zuvor,
zumindest hatte ich das Gefühl. In ihren Augen
konnte ich Freude und Erleichterung sehen, weil
sie mich, ihren besorgten Sohn, sah und ich bei ihr
war. Wir beide spürten in diesem Moment, wie
nah wir uns sind und wie unendlich groß unsere
Liebe zueinander ist.

Früher, als ich ein Kind war, und sie an meinem Krankenbett stand, hatte ich immer dieses geborgene Gefühl, dass alles wieder gut werden würde, alleine nur durch ihre Anwesenheit.

Nun war es umgekehrt und wir beide wussten, dass es in dem Fall nicht gut ausgehen würde.

Was mich in den nächsten Tagen erwartete und ich geistig, emotional und körperlich hinnehmen musste, hatte ich mir in diesem Moment jedoch nicht ansatzweise vorstellen können.

Mein Handy war im Dauereinsatz und der Google-Übersetzer war die wichtigste App auf meinem Handy für mich. In den darauf folgenden Tagen luden ein paar Pfleger und Pflegerinnen ebenfalls die App herunter, um mit mir kommunizieren zu können.

Das Krankenhaus war sicherlich unterster Standard in Europa. Unsere Nerven wurden bis ans Limit strapaziert. In keinem Zimmer gab es Türen und der Geräuschpegel im Flur war permanent hoch, sodass man kaum an Schlaf denken konnte.

In dem Moment jedoch waren wir noch voller Hoffnung, dass meine Mutter durch die künstliche Ernährung einen Aufschub bekommen würde und wir nur ein paar Tage im Krankenhaus bleiben müssten. Und danach sogar noch ein paar schöne Tage auf Sardinien genießen könnten.

Aber meine Mutter sollte weder das Meer sehen, noch den Campingplatz.

Zu diesem Zeitpunkt sahen wir das Drama, welches auf uns zurollte noch nicht. Die Bilder, vor denen meine Mutter mich immer und insbesondere während ihrer Erkrankung schützen wollte, kamen erbarmungslos auf mich zu.

Kapitel 7

Es war sehr früh und die Nacht war kurz.

Meine Mutter wollte mir etwas sagen, aber sie war zu schwach, sodass ich sie nicht verstehen konnte. Ich hielt ihre Hand und erzählte ihr, wie ich es geschafft hatte, hier ins Krankenhaus zu gelangen und hoffte, dass sie alles verstand. Sie wirkte, als wäre sie geistig abwesend. Ich wusste nicht, was die Beutel und Schläuche für Aufgaben hatten und was meine Mutter an Medikamenten bekommen hatte. Noch wusste ich wirklich, wie ihr Zustand war. Als eine Pflegerin reinkam, um nach meiner Mutter zu sehen, holte ich direkt mein Handy für den Übersetzer heraus und fragte, wann die Chefärztin käme und wie der Zustand meiner Mutter sei.

Ich merkte, dass die Pflegerin nicht viel Zeit hatte. Dennoch nahm sie mein Handy entgegen und tippte ein paar Worte ein, sodass ich Bescheid wusste, dass die Chefärztin im Laufe des Tages zu uns kommen würde. Der Tag zog aber sich ewig lang hin – so wie eigentlich jeder Tag hier im Krankenhaus.

Es wurden Beutel gewechselt und meine Mutter
hatte dabei immer wieder Schmerzen mit den
Nadeln im Arm. Erst am späten Nachmittag kam
die Chefärztin endlich in unser Zimmer. Sie war
sehr kurz angebunden.

Sie informierte uns über die Blutwerte meiner
Mutter und teilte mit, dass der Gesamtzustand
meiner Mutter äußerst kritisch sei, und sie erst
einmal wieder viel Flüssigkeit zu sich nehmen
müsste. Da meine Mutter selbstständig nicht mehr
trank, würde ihr dies auch wieder per Infusion
verabreicht werden.

Nach etwa fünf Minuten war die Ärztin schon
wieder verschwunden und ließ uns allein zurück.
Ich war enttäuscht und verärgert, fühlte mich
abserviert und allein gelassen.

Meine Mutter übergab sich oft, ich war immer zur
Stelle und reichte ihr die Kotzbeutel.

Ich verließ das Zimmer nur, um auf die Toilette zu
gehen, oder um etwas zu erfragen

beziehungsweise um jemanden zu holen, wenn ihre Windel voll war. Ihr Körper war voll mit Krebs und die Organe funktionierten nur noch eingeschränkt.

Meine Aufgabe bestand in den nächsten Tagen darin, sie aufzubauen. Fenster zu öffnen und zu schließen, sie im Minutentakt aufrecht zum Sitzen zu bringen und zu halten, damit sie nicht umkippt. Sie von links nach rechts oder umgekehrt zu drehen und schließlich zu füttern und ihren Durst zu stillen.

Ich wusste, dass den Pflegern und Pflegerinnen, viel Zeit für meine Fragen raubte, denn durch das Übersetzen, welches nur über das Handy ging, dauerte alles ja noch viel länger, als ohne hin schon. Dafür war ich allerdings 24 Stunden im Zimmer und kümmerte mich um meine Mutter, soweit es ging und nahm ihnen somit sicherlich andere Aufgaben ab.

Es waren fast ausschließlich alle Mitarbeiter im Krankenhaus sehr mitfühlend, hilfsbereit und nahmen sich Zeit für mich. Meine Dankbarkeit zeigte ich deutlich, weil ich wusste, dass mir eine gewisse Sonderstellung eingeräumt wurde.

Probleme hatte ich unten beim Pförtner, denn es war jedes Mal aufs Neue eine Herausforderung, wieder in das Krankenhaus zu gelangen. Jedes Mal musste ich mich erklären und um eine Ausnahme, von der eigentlich nur eine Stunde am Tag zulässigen Besuchszeit, bitten.

Ich setzte dabei auf unterschiedliche Methoden und Erklärungen. Des Öfteren nutzte ich die Notlüge, dass alles mit der Chefärztin bzw. der Leiterin abgeklärt sei. Sicherlich war es nicht angedacht, dass ich mehrere Tage im Zimmer bei meiner Mutter bleiben durfte, doch ich hatte es einfach in Anspruch genommen. Wegen der dramatischen Situation, dass meine Mutter bald sterben würde, ließen sie mich wohl gewähren. Ich bewegte mich auf dünnem Eis, weil ich die ganze Zeit auf das Mitgefühl der Mitarbeiter hoffen musste.

Manchmal habe ich nachts im Caddy geschlafen, weil an Schlaf auf dem unbequemen Sessel, den man mir ins Zimmer geschoben hatte, nicht zu denken war. Allerdings musste ich dann jedes Mal wieder schauen, wie ich zurück ins Krankenhaus kam.

Im Caddy fand ich zwei, drei Stunden Schlaf, was für die Situation schon viel war. Meine Liege im Flur hatte ich nur die erste Nacht, da diese entweder wieder gebraucht wurde, oder nicht gewollt war, dass ich die ganze Zeit im Flur schlafe.

Die Nächte im Krankenhaus waren psychisch sehr anstrengend, da im Nebenzimmer eine ältere Dame lag, die permanent Namen schrie wie „Maria" und „Jesus". Alle anderen Patienten oder Angehörigen konnten dadurch nicht schlafen und sammelten sich genervt im Flur, wodurch der Geräuschpegel nicht gerade leiser wurde. Meine Mutter wurde wahnsinnig und ich ebenfalls. Tagsüber konnte man auch nicht schlafen, weil die italienische Mentalität darin bestand, laut zu sein.

Als die Chefärztin an einem Vormittag vorbeikam und meine Mutter durch den Krebs, die Medikamente und die schlaflosen Nächte total benebelt war, platzte mir der Kragen und ich wurde lauter.

Ich war wütend und pfefferte dem „Übersetzer" entgegen, wie es sein könne, dass man so wenig Rücksicht mit der Lautstärke nehme und wie jemand gesund werden solle, wenn man nie richtig schlafen könne, weil es permanent laut sei – tagsüber das Personal und nachts die verwirrte Frau nebenan mit ihrem teilweise stundenlangen Geschrei – dazu noch die ständige helle Beleuchtung. Da könne man ja nur verrückt werden.

So in etwa musste meine Wortwahl gewesen sein. Der Übersetzer schien meine Worte auch auf Italienisch mit entsprechendem Nachdruck wiedergegeben zu haben, denn im Laufe des Tages bekamen wir die Tür zum Krankenzimmer wieder eingebaut und somit wurde es die nächsten Tage etwas leiser in unserem Zimmer.

Solange ich mit bei meiner Mutter im Zimmer war, durfte die Tür zu sein, sonst musste sie offen bleiben.

Kapitel 8

Meine Mutter ging an ihre Grenzen. Sie hatte dolle Schmerzen und bekam starke Schmerzmittel.

Sie konnte nicht mehr liegen und war sehr unruhig, sie redete manchmal wirres Zeug und das machte mir Angst. Sie war unzufrieden mit den ganzen Schläuchen im Arm und sie konnte sich dadurch kaum bewegen. Manchmal hat sie durch eine Bewegung eine Nadel aus dem Arm gezogen und ich musste einen Pfleger holen. Diese Vorfälle häuften sich und das Personal war langsam genervt.

Sobald ein Pfleger mit einem neuen Beutel kam, merkte ich, dass meine Mutter keine Geduld mehr hatte und sie schimpfte.

Es dauerte dann nicht mehr lange und sie sagte zu mir: „Das ist der letzte Beutel, ich will nicht mehr." Ich versuchte ihr klarzumachen, dass es nötig sei, da wir sonst hier nicht rauskommen, aber sie war nicht mehr gesprächsbereit und wurde stur.

Als der nächste Beutel kommen sollte, machte sie nicht mehr mit und ich konnte sie nicht beruhigen. Sie wurde hysterisch und als ich das Zimmer verließ, um mit einem Pfleger zu reden, wie lange das noch nötig wäre mit den Beuteln, tat meine Mutter etwas, was ich den Rest meines Lebens nicht vergessen werde.

Als ich zurückkam, saß meine Mutter blutüberströmt, sich am Gitter des Bettes festhaltend da und weinte bitterlich. Sie hatte sich sämtliche Schläuche aus ihrem Arm gerissen und ich sah ihr die Verzweiflung in den Augen an. Obwohl dieser Anblick mich erschütterte und ich selbst erschöpft und verzweifelt war, schrie ich meine Mutter an, was das solle und rief sofort die Ärztin.

Nur kurze Zeit später traf diese bei uns ein, sichtlich genervt und sagte zu mir, wenn meine Mutter keine Behandlung wolle, könne man sie nicht dazu zwingen. Meine Mutter weigerte sich weiterhin und ließ nicht mit sich reden. Die Pfleger hingen die Beutel ab, nahmen die Schläuche und das Gestell mit und ich stand einige Minuten später mit meiner Mutter alleine im Zimmer.

Es herrschte vollkommene Stille, bis die Worte schließlich ungefiltert und lauter als gewollt aus mir hervorsprudelten: „Küken, du wolltest unbedingt diesen Scheißurlaub haben. Du hast uns hierhergebracht, weil du es unbedingt wolltest, obwohl du wusstest, wie schlecht es um dich stand. Hätte ich gewusst, wie es wirklich um dich steht, wäre ich im Leben nicht mit dir hierher gefahren und das wusstest du. Deswegen hast du es verheimlicht und jetzt haben wir den Scheiß hier. Auch ich gehe an meine Grenzen. Wir kommen hier nur raus, wenn du mitmachst. Willst du tatsächlich hier im Krankenhaus sterben? Hier im Nirgendwo in irgendeinem Bergdorf?

Während wir hier sind, kümmern sich Kay, Dietmar, Karin und Christine um deinen Transport nach Deutschland. Aber der ADAC macht das nur, wenn deine Werte stimmen. Da gehen die kein Risiko ein. Wir brauchen verdammt nochmal etwas Geduld. Küken? Was soll ich machen verdammt?" Wieder absolute Stille ...

Meine Mutter sagte leise und in einem ruhigen Ton: „Lass uns nach Hause fahren. Du nimmst Kays Caddy und fährst mich nach Hause."

Ich schwieg kurz und antwortete dann: „Willst du mich verarschen, Küken? In deinem Zustand stirbst du im Caddy und wir werden nicht mal Deutschland erreichen."

Und in dem gleichen Augenblick überlegte ich tatsächlich, ob ich ihr ihren letzten Wunsch erfüllen sollte.

Nun wurde ich wieder ruhiger und redete einfühlsamer mit ihr und in einem leisen Tonfall: „Küken, Ich würde alles für dich tun, das weißt du. Aber die einzige Chance nach Deutschland zu kommen, ist der ADAC. Die anderen kümmern sich darum. Christine versucht in Deutschland, beim ADAC etwas zuerreichen. Ich nehme jede Hilfe, die ich bekommen kann. Wir haben sogar überlegt, privat zu chartern, aber das würde über 20.000 Euro kosten. Wenn deine Werte besser werden, kommen wir hier raus."

Ich nahm die Hand meiner Mutter und küsste ihre Handfläche und sagte zu ihr, dass sie es mir schuldig sei und für mich noch ein paar Tage aushalten solle.

Wieder wurde es still und meine Mutter schaute teilnahmslos aus dem Fenster. Dann sagte sie in einem leisen und ruhigen Ton, aber klar und deutlich: „Schreibe ein Buch, unsere letzte Reise."

Kapitel 9

Ich redete mit Engelszungen auf die Chefärztin, denn ich wollte, dass sie die Behandlung weiter fortsetzt.

Ich sagte unter Tränen zu ihr, dass meine Mutter in Deutschland sterben sollte. Sardinien sollte unser letzter Urlaub sein, aber nicht der Ort, wo meine Mutter stirbt. Ich erreichte ihr Herz und die Behandlung wurde fortgesetzt.

Ich fuhr danach zum Campingplatz und besorgte noch ein paar Sachen und brauchte dringend eine Dusche. Küken sagte zu mir, ich solle eine Nacht auf dem Campingplatz schlafen, da ich schlecht aussehen und stinken würde. Sie versprach mir dafür, nichts Dummes zu tun.

Mein Vorschlag, den tragbaren DVD-Player mit Bildschirm mitzunehmen, damit wir zusammen den Film „Der Champ" gucken könnten, nahm sie dankend an und es wurde etwas sanfter in unserem Drama.

Ich fuhr los und war gedanklich bei der Szene, als meine Mutter hemmungslos geweint hatte und ich weinte mit ihr hemmungslos im Auto …

Auf dem Campingplatz fühlte ich mich unwohl.

Es wurde ein Abendessen geplant und jeder bereitete was vor. Es wurden Stühle und Tische rausgestellt. Der eine oder andere trank etwas und es wurden Späße gemacht. Keiner der Anwesenden konnte auch nur erahnen, was sich nur 70 Minuten Autofahrt vorher für Dramen im Krankenhaus abgespielt hatten.

Es herrschte Urlaubstimmung, auch wenn es durch die Situation mit meiner Mutter etwas bedrückter war als sonst.

Ich spürte Wut und Enttäuschung in mir aufsteigen. Insgeheim verurteilte ich jeden, der sich betrank und jeden, der einen lustigen Spruch machte. Ich versuchte, es nicht zu zeigen.

Natürlich hatten sie alle Urlaub und wollten es genießen. Jedoch war es für mich unmöglich, daran in irgendeiner Form teilzuhaben. Ich gehörte weder auf diese Insel noch in dieser Runde. Es gab nur einen Ort, an welchem ich nun sein sollte.

Ich hatte ein schlechtes Gewissen auf dem Campingplatz und nicht bei meiner Mutter zu sein.

Eine Diskussion mit meinem Onkel, in welcher er mir vorwarf, keine Corona-Impfung zu haben und sagte, wenn meine Mutter keine Behandlung wünsche, müsse sie eben sterben, kränkte mich zudem zutiefst. Karin, Dietmar und Kay kümmerten sich zwar um den Transport über den ADAC, jedoch hätte ich mir etwas mehr Trost und Beistand gewünscht.

Ich fühlte mich als Fremdkörper in der Gruppe und verabschiedete mich deshalb auch schnell und ging ins Bett.

Früh morgens, als die meisten noch schliefen, machte ich mich bereits auf den Weg ins Krankenhaus.

Während der Fahrt freute ich mich schon darauf, mit meiner Mutter den Film zu gucken – an diesem besonderen Tag, denn es war der Geburtstag meiner Mutter.

Als wir „Der Champ" das erste Mal gemeinsam geschaut hatten, ich war damals 15 oder 16 Jahre alt, und wir heulten Rotz und Wasser. Noch mehr spürte ich den Film, nachdem ich selbst Vater geworden war.

Während die Bäume und Häuser auf der Fahrt an mir vorbeizogen, erinnerte ich mich, wie ich mit meiner Mutter nach ihrer Krebs-Diagnose ihren Lieblingsfilm „Vom Winde verweht" schaute – leider „nur" zu Hause. Denn mein eigentlicher Plan ging durch die Pandemie leider nicht auf.

Meine Idee war glorreich und alle waren hellauf begeistert und wollten mitmachen.

Denn ich wollte, dass meine Mutter ihren Lieblingsfilm noch einmal in einem Kinosaal sehen kann. Der Besitzer eines tollen Wolfsburger Kinos versprach mir, dass ich einen Saal bei einer mindestens halbvollen Belegung für eine Privatvorstellung mieten könne und es tatsächlich möglich wäre, „Vom Winde verweht" von einer DVD abzuspielen und auf die große Leinwand zu bringen.

Der Termin stand schon fest. Es sagten so viele Freunde und Bekannte zu, dass der Saal komplett voll gewesen wäre. Sogar ein Original „Vom Winde verweht"-Plakat hatte ich schon organisiert. Ich sah dieses schon vorne an der Eingangstür kleben und mich und meine Mutter in der Mitte des Kinosaals sitzen, meine Mutter mit glänzenden Augen vor Freude, da so viele Freunde und Bekannte nach und nach den Saal füllten. Sogar eine kleine Rede hatte ich schon vorbereitet.

Doch dann kam Corona, diese blöde Pandemie –
jetzt, wo ich wieder daran denke, wie sehr sich
meine Mutter gefreut hätte, bin ich richtig wütend
auf diese Pandemie. Denn selbst als ich ihr nur von
der Idee berichtete, als wir gemeinsam zu Hause
den Film ansahen, war sie so gerührt, dass ich so
etwas Tolles für sie organisieren wollte, und dass
so viele dabei gewesen wären.

Ich lächelte beim Autofahren, als ich die Bilder von
ihrem freudig gerührten Gesicht wieder vor mir
sah.

Kapitel 10

Meine Mutter bekam ihren Geburtstag kaum mit, sie schlief viel und war benommen. Hochs und Tiefs wechselten sich ab, wobei die Tiefs immer häufiger eintraten.

Ich hatte bereits in Deutschland einen kleinen Eimer mit der Aufschrift „24090 Tage" besorgt, dies endsprach, den nun 66 Lebensjahren meiner Mutter. Ich hatte den Eimer am Vortag mit etwas sardischem Sand und kleinen Muscheln gefüllt und übergab diesen meiner Mutter. Leider nahm sie das Geschenk kaum mehr wahr, da sie die meiste Zeit damit beschäftigt war, sich übergeben zu müssen. Überhaupt kam mir meine Mutter an diesem Tag unglaublich klein vor. Denn ihre Windeln (das Krankenhaus hatte keine kleineren) waren für ihren vielleicht noch 30 kg leichten Körper zu groß. Die Zähne wirkten größer und ihre Haut lag nur noch schlaff an ihren Knochen.

Kay, Dietmar und Karin durften nur kurz zum Besuch vorbeikommen – es war ja Geburtstag.

Es war kein guter Tag, auch wenn die Sonne schien und überall auf Sardinien glückliche Menschen herumliefen. Im Krankenzimmer meiner Mutter war es wie in einer anderen Welt.

Wir fingen abends an, den Film gemeinsam zu schauen, aber meine Mutter schlief schnell ein und ich guckte alleine weiter. Ich wurde während des Films und den dabei aufkommenden Gedanken an das erste Mal, als wir den Film zusammen schauten, ganz melancholisch.

Während meine Mutter schlief, weinte ich wieder und wunderte mich, wie ich überhaupt noch die Kraft zum Weinen aufbringen konnte, da ich die letzten Tage kaum gegessen und getrunken hatte.

Mein Trink- und Essverhalten passten sich meinem nicht mehr vorhandenen Schlafrhythmus an.

Meine Mutter schlief nur kurz und ich spielte in der Nacht den Animateur für sie. Sie konnte nicht mehr liegen und ich machte mit ihr Übungen, bewegte ihre Beine, half ihr, aufrecht zu sitzen, machte das Fenster auf und versuchte, sie zu unterhalten und sie abzulenken, was mir sicherlich nur begrenzt gelang.

Plötzlich sah meine Mutter eine Fledermaus im Zimmer – die natürlich nicht wirklich existierte. Ihr Gehirn machte ihr mal wieder einen Streich. Ich hätte heulen können, da mir wieder bewusst wurde, dass wir aus dieser Scheißnummer nicht mehr rauskommen würden. Auch wenn ich wusste, dass es keinen Sinn machte, hatte ich trotzdem immer noch ein wenig Hoffnung auf Besserung.

Im Stillen hoffte ich, dass sich endlich der ADAC melden würde und dass meiner Mutter nicht wieder aus Verzweiflung die Schläuche aus ihrem Arm reißen würde. Sie wurde immer unzufriedener und es wurde immer schwerer, sie aufzumuntern. Auch mir ging langsam die Kraft aus und ich stieß körperlich und seelisch an meine Grenzen.

Mein absoluter Schlafmangel und die Dauerbelastung meiner Seele machten mir zu schaffen. Dass ich kaum etwas aß und trank, machte es sicherlich nicht besser. Ich war innerlich gereizt und hätte am liebsten meinen ganzen Schmerz herausgeschrienen oder irgendetwas kaputt gemacht. In mir köchelte es und ich musste aufpassen, nicht auszurasten.

Ich würde auch heute Nacht wieder für zwei, drei Stunden im Caddy schlafen und hoffte danach wieder ins Krankenhaus zu kommen.

Kapitel 11

Endlich war es soweit und ich konnte meiner Mutter sagen, dass sie der ADAC nach Hause bringen würde.

Es war auch an der Zeit, da meine Mutter kurz davor war, aufzugeben und die Behandlung abzubrechen.

Tief im Inneren hatte ich jedoch auch Angst vor dem Heimtransport, da ich das Gefühl hatte, dass ihr Zustand und die Blutwerte nicht gut genug für den Transport waren. Die Reaktion von meiner Mutter auf die Nachricht war ernüchternd. Sie zeigte kaum eine Regung, nahm es einfach nur hin.

Ich packte ihre Sachen zusammen und dann warteten wir, dass es losgehen konnte.

Bevor wir aufbrachen, bedankte ich mich bei den Pflegern und Pflegerinnen noch einmal ganz herzlich für ihre Geduld und Herzlichkeit. Im Namen von meiner Mutter und mir lud ich die gesamte Etage zum Dank zu Kaffee und Kuchen ein.

Der Pfleger meines Vertrauens reichte mir seine Hand und sagte, dass alle gern geholfen hätten, und dass es sehr traurig fand, was wir durchmachen mussten. Seine Augen waren warmherzig und voller Mitgefühl. Ich spürte, wie sehr unser Schicksal ihn berührte. Die warmen Worte und das Mitgefühl taten in diesem Moment sehr gut. Ich überreichte ihm 100 Euro, und bat ihn, meine Einladung gegenüber dem gesamten Personal damit umzusetzen.

Während wir noch im Krankenhaus warteten, wurde für mich ein Flieger für den nächsten Tag gebucht, da ich nicht mit meiner Mutter mit m ADAC Flieger mitfliegen durfte.

Dietmar, Karin und Kay kümmerten sich vom Campingplatz aus um meinen Rückflug und meine Freundin Christine würde mich vom Berliner Flughafen abholen und mich gleich zu meiner Mutter fahren.

Um den notwendigen PCR-Test hatte ich mich bereits gekümmert. Nach einigem Hin und Her und Gesprächen mit der Chefärztin hatte ich diesen im Krankenhaus machen können, und hatte das Ergebnis pünktlich vor meiner Abreise aus dem Labor erhalten.

Als der ADAC endlich ankam, wurde ich nervös. Ich verabschiedete mich von meiner Mutter mit den Worten: „Küken, ich fliege morgen nach und Christine bringt mich zu dir. Es wird schon alles. Ich liebe dich." Dann gab ich ihr einen Kuss und betete innerlich, dass alles klappen würde.

Dann übernahmen die Pfleger und die Männer vom ADAC. Es fühlte sich merkwürdig an, weil ich nichts mehr tun konnte und weil meine Mutter so still war, weil sie sich sprachlich nicht äußern konnte. Dann wurde sie weggeschoben und ich ging langsam hinterher und fühlte mich hilflos und einsam. Im Stillen hatte ich Angst, meine Mutter nicht mehr lebend wiederzusehen.

Ich fuhr zurück zum Campingplatz, in der Hoffnung am Strand Ruhe zu finden und ein paar Schritte im Sand zu laufen, um all dass, was ich in den letzten Tagen erlebte Revue passieren zu lassen und für mich ganz alleine die Zeit zu haben .

Ich hätte es nicht ertragen können, irgendwelche Fragen zu beantworten, oder in irgendwelche Gespräche verwickelt zu werden.

Als ich aber ankam, zogen passend zu meiner Stimmung dunkle Wolken am Himmel auf. Ich zog es trotzdem vor, den Menschen aus dem Weg zu gehen, die hier in Urlaubsstimmung zusammen saßen und lief zum Strand. Nach ein paar Metern, die ich ziellos gelaufen war, entdeckte ich einen großen Felsstein , der Abseits von den am Strand liegenden Menschen, aus dem Sand ragte.

Für mich war es ein perfekter Ort, um hier zu verweilen.

Jetzt in dem Moment der Stille , fiel mir wieder ein,
was meine Mutter zu mir im Krankenhaus sagte: „
Maik, schreib ein Buch. Unsere letzte Reise" Und
ich holte mein Handy aus der Tasche und tippte
die ersten Gedanken in dieses hinein.

Als ich dann nach einigen Stunden wieder zurück
zum Campingplatz kam, packte ich
gedankenverloren meine Sachen zusammen.
Anschließend versuchte ich zu schlafen. Ich lag
lange wach und hörte die fröhliche
Urlaubsstimmung der Camper.

Irgendwann fiel ich in einen sehr unruhigen Schlaf.
Meine Gedanken fragten sich immer wieder, ob ich
rechtzeitig bei meiner Mutter ankommen würde.
Das ich hier ohne sie, noch eine Nacht verbringen
musste, war für mich schrecklich. Ich wusste nicht,
ob sie gut in Deutschland , im Gifhorner
Krankenhaus angekommen war, ob ich sie noch
einmal lebend wieder sehen würde und wir sogar
noch die Möglichkeit auf mehr gemeinsame Zeit
hätten.

Die ganze Zeit hatte ich das Gefühl, am falschen Ort zu sein, denn der einzig richtige Ort wäre der, an der Seite meiner Mutter gewesen. Die Trennung von ihr, war für mich unerträglich .

Kapitel 12

Kay brachte mich am nächsten Morgen zum
Flughafen und ich war aufgewühlt und unsicher. Es
war das erste Mal, dass ich alleine in ein Flugzeug
steigen würde. Die Umstände waren sowieso
durch die Corona-Einschränkungen erschwert. Und
ich wusste nicht, ob ich alle Vorgaben erfüllt hatte.
Ich konnte mich zu der Zeit auf keine, aus meiner
Sicht, zusätzlichen oder gar überflüssigen
Bestimmungen konzentrieren. Ich habe mich
einfach auf Kay und Dietmars Buchung verlassen.

Auch hoffte ich, dass mein altes Handy nicht
wieder abstürzen würde, da ich meinen
Boardingpass nur online auf meinem Handy hatte
und ich dann aufgeschmissen sein würde.

Doch meine Sorgen waren umsonst, alles lief gut
und ich checkte problemlos ein. Vor dem Umstieg
in Basel hatte ich noch etwas Angst, da ich nicht
wusste, ob ich wegen Corona noch irgendwelche
zusätzlichen Formulare hätte ausfüllen müssen,
von denen ich nichts wusste. Jedes Land hatte
während Corona seine eigenen Bestimmungen und

ich hatte die Tage zuvor keinen Kopf dafür gehabt, mich mit diesen Formalitäten herumzuschlagen.

Ich verbrachte die gesamten Wartezeiten am Flughafen mit den Gedanken, was ich die letzten Tage erlebt hatte und fragte mich, wie es meiner Mutter wohl erging.

In meinem Kopf breitete sich Leere und Angst aus. Ich fühlte mich unsicher und wollte nur noch nach Deutschland, wo man mich endlich wieder ohne Google-Übersetzer verstehen würde.

Dann wurden die Gedanken an das Hospiz, in dem ich meine Mutter in Zukunft besuchen würde, konkreter und tausende neue Fragen kamen dabei hoch: „Ob ich da auch schlafen kann? Wie viel Zeit habe ich noch mit meiner Mutter? Was möchte ich ihr noch sagen? Hat sie vielleicht sogar noch bessere Tage vor sich oder geht es ihr nur noch stetig schlechter?" Mir wurde ganz schwindelig von den ganzen Fragen, die sich in meinem Kopf breit machten.

Und dann machte sich auch noch ein schlechtes Gewissen bemerkbar und ich machte mir Vorwürfe, warum ich im Krankenhaus nicht mehr mit meiner Mutter geredet hatte oder nicht öfter ihre Hand genommen hatte und ihr etwas Liebes gesagt hatte.

Ich weiß nicht warum, aber mir fiel dazu eine Szene aus dem Film „Schindlers Liste" ein, wo der Protagonist zum Schluss sagte: „Ich hätte mehr Juden retten können. Für dieses Abzeichen hätte ich zwei Juden retten können, für dieses Auto hätte ich zehn Juden retten können. Ich habe nicht genug getan." Das sagte er, obwohl er mehr als 1000 Juden das Leben rettete.

Zum Schluss wird man sich immer sagen können, ich hätte mehr machen können. Wir hätten uns nicht aufhalten sollen, in unsinnigen Diskussionen. Wir hätten nicht streiten sollen und uns auch nicht gegenseitig anmotzen sollen.

Aber wir haben in manchen extremen Situation starken Druck aushalten müssen, den wir gegenseitig am anderen ausgelassen haben.

Aber, dies waren kurze Momente, die man im nächsten Augenblick schon bereut hat. Aber, der Schlafmangel, die Hoffnungslosigkeit, die Angst die reine Verzweiflung führt oft zu ungerechten Handlungsweisen, die man sich auch selbst vergeben müsste.

Obwohl wir so teilweise so hitzig miteinander umgingen, hatten wir nie einen Zweifel über die innige Liebe füreinander.

Meine Gedanken wurden unterbrochen, denn der Schalter öffnete und die Schlange setzte sich in Bewegung. Endlich sollte ich den letzten Schritt Richtung Deutschland machen. Ich stieg ins Flugzeug und fühlte mich erstmalig in der Zeit gelöster und wieder selbstsicherer.

Kapitel 13

Ich landete in Berlin und war froh, diese komplizierte und anspruchsvolle Reise hinter mich gebracht zu haben.

Der Zwischenstopp in Basel war aufregend und es war ein Durcheinander. Einige und natürlich auch ich, mussten aus dem Internet noch ein Corona-Formular herunterladen und ausfüllen. Und das, obwohl der andere Flieger schon wartete. Es war ein reines Chaos und ich bin einfach froh, dass es irgendwie geklappt hat.

Christine wartete am Flughafen schon auf mich und ich freute mich, ein bekanntes Gesicht zu sehen. Sie konnte nachfühlen, wie es mir ging, da sie mein Verhältnis zu meiner Mutter kannte und wusste, wie sensibel und emotional ich sein konnte.

Wir fuhren direkt ins Krankenhaus, denn ich konnte es kaum erwarten, meine Mutter zu sehen.

Die Autofahrt verging schnell, da wir viel redeten und ich spürte eine gewisse Erleichterung, endlich wieder in Deutschland angekommen zu sein.

Als ich im Krankenhaus an die Zimmertür meiner Mutter klopfte und ich sie dann öffnete, sah ich gleich meine Mutter. Ihr Gesicht strahlte und sie musste vor Aufregung Luft holen.

Ihre Freude, mich zu sehen, erfüllte mich mit Liebe und brachte mein Herz zum Pochen. „Was machst du denn schon hier?" fragte sie überrascht und tanzte förmlich im Bett.

Schön war zu sehen, dass meine Mutter ihren Humor wieder gefunden hatte, was sich durch ihre bekannten lockeren Sprüche zeigte.

Sie sah natürlich krank aus, jedoch frischer als auf Sardinien. Ich sah mich um: Alles im Zimmer war neu, moderne Maschinen, sauber, ruhig und vor Allem eine Tür im Zimmer – welch ein Luxus. Man hatte direkt ein gutes Gefühl und fühlte sich besser aufgehoben als noch im Krankenhaus auf Sardinien.

Hier konnte meine Mutter wieder Kraft tanken und einen Augenblick vergaß ich ihren Krebs und dass sie bald sterben würde. Mein Gedanke war wirklich, vielleicht würde meine Mutter noch Weihnachten schaffen und ich merkte, wie ich gierig wurde und mehr haben wollte, als ich verlangen konnte.

Ich hatte kein Zeitgefühl mehr, wie lange ich mit Christine bei meiner Mutter war. Meine Mutter war glücklich, mich und Christine zu sehen, denn sie mochte Christine sehr und für sie war es schön zu sehen, dass Christine für mich da war.

Kapitel 14

Am nächsten Tag kam ich das erste Mal seit langem ausgeschlafen bei meiner Mutter an.

Veronika, eine ihrer Freundinnen, war bei ihr und es herrschte eine heitere Stimmung, der Krebs rückte für einen Moment in den Hintergrund, denn ich sah wieder mehr meine Mutter als den Krebs. Sofort keimte in mir wieder die Hoffnung, dass ich doch noch mehr Zeit mit ihr haben würde.

Veronika und meine Mutter redeten miteinander, als wäre alles normal und als wäre meine Mutter nur wegen eines Beinbruchs im Krankenhaus. Ich freute mich sehr, dass die Unterhaltung so locker war.

Als Veronika gegangen war, fragte ich meine Mutter, ob ich bei ihr im Krankenhaus schlafen sollte. Sie schaute mich etwas irritiert an und fragte: „Du würdest wirklich hier schlafen, obwohl du die letzten Tage kaum geschlafen hast?" Sie war sichtlich gerührt und strahlte über das ganze

Gesicht und machte mit den Armen einen Schaka-Tanz. Ich war in diesem Moment so glücklich, sie so zu sehen. Ihren Gesichtsausdruck werde ich nie wieder vergessen und für immer in meinem Herzen tragen.

Ich ging raus in den Flur und fragte eine Mitarbeiterin, ob ich bei meiner Mutter schlafen könne. Dies wurde freundlich bejaht und sei gar kein Problem. Prompt wurde für mich ein Bett bezogen. Man fragte mich sogar nach meinen Wünschen für das Abendessen.

Als ich meiner Mutter die freudige Nachricht mitteilte und Bescheid gab, dass ich nur schnell ein paar Sachen hole und dann wiederkäme, war es das letzte Mal, dass ich sie lächeln gesehen habe.

Die nächsten Tage sollten mich psychisch wieder an meine Grenzen bringen. Aber in dem Augenblick verließ ich nichtsahnend guter Hoffnung das Krankenhaus.

Kapitel 15

Ich kam mit einem guten Gefühl zu Hause an und freute mich, dass meine Anwesenheit meiner Mutter sichtlich guttat. So packte ich ein paar Sachen für die Nacht zusammen, machte noch einen Coronatest und eilte dann wieder auf dem schnellsten Weg ins Krankenhaus.

Auf der Fahrt spielte meine Gefühlswelt Achterbahn. Glücksgefühle und Gefühle von Angst wechselten sich minütlich ab. Ich merkte, wie stark man sein kann und was man alles ertragen kann, wenn man jemanden von ganzem Herzen liebt.

Als ich den Flur entlang zum Zimmer meiner Mutter ging, freute ich mich richtig darauf, meine Mutter wieder zu sehen und erwartete ein lächelndes Gesicht, so wie beim ersten Mal, als ich sie mit Christine zurück nach Deutschland an die Tür klopfte.

Doch als ich die Tür aufmachte, schlief sie.

Sie lag im Bett, mit Schläuchen in der Nase. Sie übergab sich nur noch über die Nase und der Beutel war voll mit einer schwarzen Flüssigkeit aus ihrem Körper.

In dem Moment liefen mir die Tränen über das Gesicht und all die kleinen Hoffnungen in den letzten Stunden verschwanden sofort.

Ich weiß nur noch, dass ich aus dem Bett neben dem meiner Mutter, kein Auge von ihr lassen konnte, um nicht zu verpassen, was mit ihr passierte.

Dieser Anblick war schrecklich. Meine Mutter so zu sehen, brach mir nicht nur das Herz, sondern ich wurde brutal in die Realität des Krebes zurück geholt.

Ab und an stand ich auf, nahm ihre Hand und flüsterte ihr ein paar Worte zu, damit ich meine Anwesenheit für sie fühlbar machte. Doch vermutlich nahm sie aufgrund des vielen Morphiums in ihrem Körper nur noch wenig wahr.

Ich erinnerte mich an den Augenblick, als meine Mutter am Anfang ihrer schweren Krankheit eine schwerwiegende Operation hatte. Man nahm ihr mehrere Organe aus dem Körper und wollte so den Krebs flächendeckend aus ihr entfernen. Sie lag nach dem 6stündigen Eingriff noch mehrere Stunden im Koma auf der Intensivstation.

Als ich mit Kay das Krankenzimmer betrat, und wir meine Mutter sahen, redeten wir kaum, überwältigt von der Unwissenheit und Angst, wie es mit dem Krebs weitergehen würde. Damals mischte noch ein großer Teil Optimismus mit, denn wir hofften, dass es ein positives Signal war, das die Ärzte sie überhaupt noch operierten.

Als Kay dann sich irgendwann verabschiedet hatte, saß ich noch mehrere Stunden bei ihr und hielt ihre Hand, bis irgendwann ein Arzt ins Zimmer kam. Er war sehr mitfühlend und sagte mir, dass ich so lange bleiben könne, wie ich wolle.

Und das tat ich dann auch. In diesen Stunden habe mein Leben mit meiner Mutter gedanklich Revue passieren lassen und ging erst, als es längst dunkel war. Ich konnte auch nicht mehr sitzen und mir tat mein Po weh. Also verließ ich sie irgendwann schweren Herzens.

Als ich dann am nächsten Tag wieder bei meiner Mutter war, war sie zum Glück wach. Ich erzählte ihr, dass ich gestern schon gemeinsam mit Kay da war und wir eine Weile auch gemeinsam an ihrem Bett standen. Sie sagte nur: „Wie? Kay war auch da?"

Ich nickte und sie sagte: „Ich habe nur dich wahrgenommen, ich habe gespürt, dass du im Zimmer warst".

„Wie, du hast mich gespürt? Du warst im Koma, Küken" antwortete ich.

„Ich habe dich ganz klar gespürt, aber nur dich, weder einen Arzt noch Kay."

Es war unheimlich in dem Moment und doch wurde mir klar, dass die Liebe von Mutter und Kind auch im Koma-Zustand nicht zu trennen ist. Es klang verrückt, aber so war es.

Und deswegen wusste ich, in dem Moment als ich ihr ins Ohr flüsterte, dass egal in welchem Zustand meine Mutter geistig gerade war, sie mich spüren würde, wenn ich ihre Hand nahm und zu ihr sprach.

Kapitel 16

Die Nacht war unruhig und ich schlief nicht viel.

Die Maschine, an welcher meine Mutter angeschlossen war, piepte in regelmäßigen Abständen und für mein Gefühl war meine Mutter zu ruhig. Die Angst, sie könnte jeden Moment von mir gehen, erdrückte mich förmlich.

Sie rührte sich auch nach meinem Frühstück noch nicht. An diesem Morgen dauerte es nicht lange, bis gleich fünf Ärzte ins Zimmer kamen. Der Oberarzt fragte mich, ob ich die Patientenverfügung meiner Mutter hätte.

Mir wurde schlecht, da ich wusste, was kommen würde. „Herr Pieper, der Zustand ihrer Mutter ist jetzt soweit, dass es keinen Sinn mehr macht, sie weiter zu versorgen. Wir würden die Maschinen abschalten wollen …"

Er sprach noch weiter, doch die Worte erreichten mich nicht mehr. Ich war in einem Trance-Zustand. Ich nahm nur noch wahr, wie alle da standen und mich erwartungsvoll ansahen.

Ich stand da und ich sollte jetzt entscheiden, dass die Ärzte den natürlichen Tod meiner Mutter einleiten sollen.

Es war eine schreckliche Entscheidung, die ich treffen musste. Am liebsten hätte ich gesagt, dass die Ärzte alles tun sollen, um ihr Leben zu verlängern, aber ich sah meine Mutter an und wusste, dass es nun soweit war.

Ich war froh, als Heidrun, die beste Freundin meiner Mutter, und meine Tante Beate später eintrafen und ich meinen Schmerz mit beiden teilen konnte.

Kay war währenddessen noch immer mit dem Caddy auf dem Weg zurück nach Deutschland.

Ich rief ihn an, um ihm die Entscheidung mitzuteilen. Mir war klar, dass er wohl nicht rechtzeitig da sein würde, was mir sehr leidtat.

Dennoch hielt ich den Anruf kurz und knapp, da ich allgemein nicht in der Lage war, viel zu reden.

In den nächsten zwei Tagen wartete ich dann also meist gemeinsam mit Heidrun und/oder Beate, dass das Herz meiner Mutter auf natürliche Weise aufhören sollte zu schlagen.

Auf ihren Tod zu warten, war für mich eine seelische Vergewaltigung.

Des Öfteren hörte meine Mutter auf zu atmen in dieser Zeit und ich dachte jedes Mal „Jetzt ist es so weit". Doch dann atmete sie doch wieder weiter.

Ich hörte oft Heidrun unter Tränen sagen: „Lass los, es ist alles gut."

Aber meine Mutter wollte oder konnte noch nicht. Ärzte kamen zu mir und wollten, dass ich zwischendurch rausgehe, aber ich konnte nicht. Eine Psychologin wollte mehrmals mit mir ein Gespräch suchen, aber ich wollte auch das nicht.

Ich wollte einfach nur bei meiner Mutter sein. Ich weinte in den letzten Stunden so viel, dass es wehtat und ich Kopfschmerzen bekam.

Ärzte sagten zu mir, dass meine Mutter nichts mehr mitbekäme, weil sie viel Morphium bekommen habe.

Als ich in einem Moment ganz alleine war mit meiner Mutter, füllte sich eine ihrer Augenhöhlen mit Tränen und schwappte über. In dem Moment fragte ich mich, wenn meine Mutter nichts mitbekommen sollte, warum kamen dann Tränen aus ihrem Auge? Sie spürte, dass ich litt und hörte mich weinen, da können Ärzte mir sagen, was sie wollen.

Immer wieder sagte ich ihr, dass ich sie liebe und wie stolz ich auf sie sei. Ich wiederholte mich immer und immer wieder.

Meine Tante machte sich irgendwann Sorgen um meinen Zustand und fragte bei den Ärzten, ob man das Ganze nicht beschleunigen könne.

In dem Moment, als ich ganz alleine mit meiner Mutter war, kam schwarzes Sekret aus ihrem Mund und sie erstickte daran. Obwohl ich zweieinhalb Tage auf ihren Tod wartete, versuchte ich sie seitlich zu legen, um sie zu retten.

Dann ging es schnell und sie war einfach tot.

Zu dem Zeitpunkt waren meine Tante und auch eine Ärztin wieder im Zimmer. Doch ich nahm nichts mehr wirklich wahr und kann mich an die Geschehnisse nicht mehr erinnern.

Ich habe nur geweint und lag in meinem Bett neben meiner Mutter. Ich war nicht mehr anwesend.

Ab dem 15.09.2021 um 18.20 Uhr existierte ich ohne meine Mutter. Und mein Leben würde nie wieder so sein, wie es einmal war.

Mein Onkel Volker war noch gekommen und ich kann nicht sagen, wie lange wir noch im Krankenhaus waren.

Wie ich nach Hause gefahren bin, kann ich mich nicht mehr erinnern, welche Strecke ich gefahren bin und die Leere in mir und die Gefühle, als ich zu Hause angekommen bin, kann ich nicht beschreiben.

Ich wollte einfach nur schreien, aber stattdessen weinte ich bitterlich und war einfach nur müde und erschöpft von den letzten Tagen und Wochen.

Kapitel 17

Als ich kurz vor 12 Uhr auf dem Parkplatz im Friedwald ankomme, war ich überrascht, wie voll der Parkplatz schon war. Ich dachte, ich wäre recht früh dran, aber ich musste ganz schön suchen, um noch einen freien Parkplatz zu finden. Ich war gerührt, dass so viele Leute schon da waren.

Viele aus dem Motorradclub waren da und einige, die ich nicht kannte. Es handelte sich um den Motorradclub „Super Biker" mit dem Treffpunkt „Onkel Max" am Laagberg (welches heute leider nicht mehr existiert). Meine Mutter hatte weder Auto- noch Motorradführerschein, fuhr aber leidenschaftlich gerne bei anderen aus dem Club hinten auf dem Motorrad mit. Auch Ihre Schwestern Jutta und Beate waren Club-Mitglieder.

Ich war übermüdet, weil ich die Nacht natürlich kaum geschlafen hatte und ich war sehr nervös, da ich Angst hatte, die Kontrolle zu verlieren und nervlich zusammenzubrechen.

Ich erkannte viele bekannte Menschen und dazu traurige Gesichter.

Ich ging gleich zu der Bestatterin und klärte mit ihr, wie es im Ablauf weiterginge. Ich musste dann auch bald den Trauergästen Bescheid geben, dass sie sich langsam in Richtung ihrer Plätze begeben sollten, da sich noch jeder im Kondolenzbuch verewigen sollte, bevor er Platz nahm.

Die Bestatterin hatte von mir einen Text bekommen, den sie vorlesen sollte. Ich war mir sicher, dass ich nicht dazu in der Lage wäre, es vorzulesen. Dennoch war es mir wichtig, dass ich den Text und den Inhalt vervollständige. Ich wollte etwas zu meiner Mutter schreiben und zu unserem besonderen Verhältnis.

Auch bei der Musik war es mir wichtig, dass ich diese ganz im Sinne meiner Mutter auswählen konnte. Denn es war meine Mutter gestorben und da war es für mich selbstverständlich, mich um alles zu kümmern und zuzusehen, dass alles nach ihren Wünschen ablaufen würde. Nur zum selbst Vorlesen war ich einfach zu schwach und meine

Nerven zu labil. Ich wusste, dass die Trauer mich übermannen würde und ich einfach nur hemmungslos weinen würde.

Als das Einstiegslied „Die Rose" von Franziska Augustin zu Ende war, las die Bestatterin meinen Text vor:

„Ich möchte euch heute etwas über meine Mutter erzählen und kann es natürlich nur aus der Perspektive als Sohn tun.

Jeder der Anwesenden hier hat seine eigenen Erfahrungen mit meiner Mutter gesammelt. Der eine mehr und der andere weniger. Jeder hat auf seine Art und Weise das Leben meiner Mutter geprägt und es bereichert. Dabei ist nicht immer die Menge an Zeit das Wichtigste, manchmal sind auch die kleinen Momente, die das Leben bereichern oder liebenswert machen.

Meine Mutter war eine recht dominante und bestimmende Person und wollte mir auch hier heute vorschreiben, dass ich nicht traurig sein sollte und dass wir sie alle heute mit einem Lächeln verabschieden sollen. Doch ich habe nicht immer alles gemacht, was meine Mutter wollte, und deswegen stehe nicht ich hier und lese euch diesen Text vor.

Denn diese Kraft habe ich nicht und ja, Küken, ich bin traurig und zwar so traurig, wie ich noch nie in meinem Leben war. Ein Leben ohne dich kann ich mir einfach nicht vorstellen und du fehlst mir jetzt schon sehr.

Nun zu meiner Mutter, die ich, seit ich 12 oder 13 Jahre alt war, Küken nenne. Das war der Zeitpunkt, als ich ihre Körpergröße eingeholt hatte.

Sie wurde am 6. September 1955 in Wolfsburg geboren. Sie wuchs mit vier Geschwistern auf und war die zweitälteste. Laut ihren Erzählungen hatte sie eine recht unbeschwerte Kindheit genossen. Sie war ein aufgewecktes Kind und war für jeden Spaß zu haben.

Dies hatte sich auch im Erwachsenenalter nicht geändert. Sie war weder reich, noch hatte sie besondere Talente, aber sie war zufrieden mit ihrem Leben und sie wusste, wie man das Leben lebt.

In ihrem Leben waren Freunde immer wichtig und davon sind jetzt gerade mehr als genug hier. Viele von ihnen kannte sie schon fast ihr ganzes Leben lang. Und das machte sie automatisch reich und das wusste sie.

Ich denke, jeder hier würde es unterschreiben, dass mein Küken ein geselliger Mensch war, mit dem man viel Spaß haben konnte und sie wusste, wie man Feste feiert. Durch ihre Art fiel es ihr nicht schwer, immer wieder neue Leute kennenzulernen.

Ich war immer sehr stolz, eine so junge Mutter gehabt zu haben, die weltoffen war. Wir konnten uns auch streiten und waren manchmal genervt von uns, aber nie war das von langer Dauer.

Unsere Liebe zueinander war nie in Gefahr. Nie! Denn unsere Liebe war so echt, wie sie nur sein konnte.

Mein Küken liebte es zu reisen, liebte gutes Essen und genoss auch gerne mal einfach den Luxus. Tanzen und Freunde treffen waren ihre Leidenschaften.

Zu Menschen, die sie besonders mochte, war sie gerne großzügig. Auch wenn sie viel gearbeitet hatte im Leben, hatte Geld nie eine große Bedeutung für sie.

Ich als Kind habe viel bekommen im Leben. Weder materiell noch an Liebe fehlte es mir an Etwas. Wenn ich ehrlich bin, habe ich mehr bekommen, als ich brauchte. Ich als Sohn habe meine Mutter nie richtig unglücklich oder verzweifelt erlebt. Wenn es so war, hat sie mir das nie gezeigt. Für mich war sie immer eine starke optimistische Frau.

Als ich im Juni 1974 unerwartet in ihre Welt kam, war meine Mutter 19 Jahre alt. Ich habe nie gespürt, dass sie sich ein anderes Leben gewünscht hätte.

Egal in welchem Alter ich war, sie ließ es mich immer spüren, dass sie stolz auf mich war. Als Kind sagte meine Mutter öfters am Bett zu mir: „Und wenn ich dich zu Fuß aus Russland holen müsste, du gehörst zu mir und ich hole dich." Und noch heute bin ich überzeugt, dass sie jede Silbe ernst meinte.

Mein Küken war kein gläubiger Mensch, das ist wohl eher mein Part.

Deswegen möchte ich jetzt zum Abschluss mein Leben mit meinem Küken mit einem Fußballspiel vergleichen. So wie Jesus damals gerne mit einem Gleichnis zu seinem Volk geredet hat.

Wir alle haben nur eine begrenzte Zeit, unser eigenes Spiel zu spielen. Dabei wissen wir nicht, wie lange.

Manche werden sehr früh ausgewechselt. Andere spielen vielleicht nur eine Halbzeit und wiederum manch anderer spielt bis zum Schluss. Bis der Schiedsrichter (in unserem Fall Gott) abpfeift, ob in der 90. Minute oder vielleicht sogar erst in der Nachspielzeit. Das können wir nicht immer beeinflussen, weil man nie weiß, ob man das Fußballspiel unverletzt beendet.

Aber wir können leidenschaftlich spielen oder nicht. Wir können das Spiel lieben, genießen und prägen, wenn wir es nur wollen.

Mein Küken musste in der 66. Spielminute ausgewechselt werden. Sie wurde vom Krebs gefoult, sodass sie das Spiel nicht beenden konnte.

Küken hätte es verdient, länger zu spielen, so wie meine Oma, die erst in der 88. Spielminute ausgewechselt wurde, weil sie einfach nicht mehr konnte.

Meine Mutter hat bis zum Schluss alles gegeben.

Ich musste mitansehen, wie sie vom Platz getragen wurde und dabei hinterlässt sie eine große Lücke auf meiner Seite. Wir haben das Spiel zeitversetzt begonnen und es war klar, dass wir das Spiel nicht zusammen beenden würden, aber ich habe auf eine längere gemeinsame Spielzeit gehofft.

Sie akzeptierte ihre Auswechslung und hat sich nie beklagt. Nach ihrer Verletzung hat sie noch versucht, weiterzumachen, aber nach zweieinhalb Minuten ging es einfach nicht mehr weiter.

Doch selbst als es so weit war, nahm sie meine Hand und ermunterte mich, mein Spiel anständig fortzusetzen und alles zu geben.

Mein Küken war in vielen Dingen ein Vorbild für mich und ich hätte auf meiner Seite keinen besseren Mitspieler haben können.

Sie feuerte mich an, sie versuchte meine Fehlpässe auszubügeln, sie ist für mich mitgelaufen, wenn ich müde war. Auf meine Mutter war immer Verlass. Ich war nie alleine auf dem Platz.

Jetzt muss ich ohne dich weiterspielen und keiner kann dich ersetzen. Du bist auf meiner Seite unersetzlich und es wird ab jetzt ein anderes Spiel für mich sein, aber ich werde alles geben, solange es geht. Das bin ich dir schuldig.

Danke für jede einzelne Spielminute.

Und danke an alle, die meine Mutter begleitet haben und ihr Spiel mitgeprägt haben. Besonders dir, Kay, dass du die letzten zweieinhalb Spielminuten besonders aufopferungsvoll für sie da warst und ihr geholfen hast und dabei sicherlich viel zurückstecken musstest. Wir alle klatschen Beifall bei deiner Auswechslung und den hast du dir mehr als verdient, weil du alles gegeben hast und ein gutes Spiel abgeliefert hast. Ich danke dir für alles und du warst für mich ein Segen.

Kapitel 18

Als die Bestatterin den Vortrag meiner Rede beendete, klatschten Alle Beifall.

Nun lief das Lied „Geh in Frieden" von Nicole Öttl. Vor mir lag der bislang längste und einsamste Weg meines Lebens. Ich trug die Urne bis zu dem Baum, unter welchem schon meine Oma lag. Nun bekam sie Gesellschaft unter ihrem Baum. Als meine Oma verstorben war, hätte ich nie gedacht, dass meine Mutter die nächste sein würde, die von mir ging.

Mir schossen die Gedanken in den Kopf, wie ich neben meiner Oma gehockt hatte und ihre kalte Hand gehalten und dabei die ganze Zeit nur geweint hatte. Ich konnte nicht aus ihrem Schlafzimmer gehen und als es dunkel geworden war, kam meine Mutter herein, weil ich schon so lange allein bei meiner toten Oma gewesen war, während meine Familie im Wohnzimmer die Trauerfeier abhielt. Meine Ma sagte: „Was machst du nur, wenn ich sterbe?" und ich antwortete nur patzig: „Du stirbst einfach nicht, Punkt."

Da ahnten wir noch nicht, dass sich schon zu diesem Zeitpunkt der Krebs seinen Weg in den Körper meiner Mutter gefunden hatte.

Auf dem Weg zum Grab wurde mir bewusst, dass ich gerade meine Mutter in einem Gefäß trage und mir kam es vor, als würde ich mit ihr allein durch einen langen Tunnel gehen. Während ich langsam Richtung Grab ging und nichts anderes wahrnahm auf dem Weg zum Baum, dachte ich an weitere Momente mit meiner Mutter.

Ich erinnerte mich an die Situation, wie ich vor dem Wolfsburger Krankenhaus auf meine Mutter wartete. Einige Minuten später teilte sie mir mit, dass sie Krebs hatte. Ich musste mich sofort auf eine Bank setzen und die Tränen flossen in Strömen.

Ich bin mir ganz sicher, dass dies für meine Mutter der schwierigste Moment war in ihrem Leben, mir diese Nachricht mitzuteilen. Als meine Mutter gesagt hatte, dass sie operiert wird, keimte natürlich Hoffnung auf, dass der Bauchspeicheldrüsenkrebs noch rechtzeitig erkannt wurde. Sonst würde man sie ja nicht operieren. Mir war in dem Moment egal, was die Ärzte entfernen würden und wie großflächig sie den Krebs rausschneiden würden. Meine Mutter musste einfach leben und ich dachte tatsächlich, dass Gott mir nicht das Wichtigste nehmen würde.

Im nächsten Moment dachte ich daran, wie ich bei meiner Mutter zu Hause war und sie mir mitteilte, dass die Operation nichts gebracht hatte und sie zwar Chemo bekommen würde, aber keine Chance auf Heilung habe und die Ärzte ihr zwei bis drei Jahre geben.

Da brach meine Welt zusammen und ich bekam einen Heulkrampf und verbrachte eine sehr lange Zeit auf ihrer Terrasse.

Nun trug ich meiner Mutters Asche und das ist alles, was von ihr geblieben ist.

Gefühlt hatte ich eine Stunde gebraucht bis zum Baum, dabei waren es sicherlich keine zehn Minuten gewesen. Dort angekommen warteten wir auf den Rest der Trauergemeinde. Als dann „Einmal sehen wir uns wieder" von Andreas Gabalier lief und ich hochschaute, kam es mir vor, als wäre der ganze Wald voll mit traurigen Menschen. Mir wurde bewusst, wie beliebt meine Mutter war und ich nicht alleine leiden musste.

Von der Tradition vom Leichenschmaus hielt ich noch nie wirklich viel und fand es immer traurig, wie selten auf solchen Veranstaltungen von der verstorbenen Person geredet wird.

Deshalb wäre ich am liebsten sofort nach der Trauerfeier gefahren und hätte mich am liebsten in einer einsamen Berghütte verkriechen wollen. Im Nachhinein tat es mir jedoch gut, zu sehen, wer alles da war: Meine Freunde Barnieck und Mirja, Paco und Enzo waren da, um in dieser für mich schwierigen Zeit einfach präsent zu sein und für mich da zu sein. Und sogar meine Ex-Frau, die ich leider immer nur zu Beerdigungen sehe, war gekommen.

Es tröstete mich tatsächlich etwas, dass so viele Menschen gekommen waren und sich die Zeit dafür nahmen. Einige waren sogar von weit her angereist wie zum Beispiel Marc und Yvonne, ein mit meiner Mutter befreundetes Paar aus Hamburg. Ich war dankbar für jeden einzelnen, der gekommen war, auch wenn ich viele nicht wahrgenommen habe.

Mein Sohn sah zum ersten Mal seinen Papa weinen und wie er den Verlust von seiner Oma verkraftete, weiß ich nicht so genau.

Als ich nach Hause fuhr, war ich sehr erleichtert, diesen Tag hinter mich gebracht zu haben und fühlte mich mal wieder einsam, als ich zu Hause ankam. Dieses Gefühl sollte nun zum Alltag meines Lebens gehören.

Nachwort

Meine Mutter ist nun seit über drei Jahren tot.

In meinem Kopf ist sie noch sehr präsent. Jeden Morgen, wenn ich in der Küche vor dem Fenster sitze und meinen Kaffee trinke, sehe ich eine Collage von uns. Es vergeht also kaum ein Tag, an welchem ich nicht an meine Mutter denke. Mir ist nach ihrem Tod bewusst geworden, wie viele Dinge und Momente mich an meine Mutter erinnern.

Wie ein schönes Fachwerkhaus oder ein großer Windbeutel beim Bäcker. Selbst wenn ich Spargel esse, muss ich automatisch an meine Mutter denken. Wenn ich an einem schönen Ort bin, weiß ich genau, dass würde meiner Mutter gefallen. Es gibt so unheimlich viele kleine Momente, die mich immer wieder an meine Mutter erinnern. Es tut immer noch weh und ich kann nicht sagen, dass der Schmerz weniger geworden ist.

Tatsächlich gibt es Tage, an denen es für mich unerträglich ist, ihren Tod zu akzeptieren. Ich weiß, dass ich ein sensibler und emotionaler Mensch bin. Schon als Kind hatte ich die Angst, meine Mutter zu verlieren und habe früh rebelliert, ihre Zigaretten aus dem Automaten zu holen und habe ihr gesagt, dass ich das nicht unterstützen werde, dass sie Krebs bekommt.

Bis heute weiß ich noch, wie böse sie geguckt hat, um mich zu beeinflussen. Wenn ich im Urlaub war, brauchte sie mich auch nie fragen, ob ich ihr zollfreie Zigaretten mitbringe. Ja, meine Angst, mein Leben, ohne sie verbringen zu müssen, war recht früh ausgeprägt. Meine Mutter hat mich allein großgezogen und ich hatte nie einen Vater, der sich um mich kümmerte oder Interesse an mir hatte.

Ich hatte keinen Bruder oder Schwester. Ich war allein mit meiner Mutter und sie war für mich nicht nur Mutter und Freundin, sie war mein Leben. Zwischen uns hat kaum ein Blatt Papier gepasst und das, obwohl wir uns auch gut streiten konnten. Was meine Mutter mir bedeutet, kann man nicht in Worte fassen.

Schon mit 12 Jahren habe ich mir ausgerechnet, wie alt ich ungefähr sein würde, wenn meine Mutter stirbt und es war für mich ein Trost zu wissen, dass ich dann selbst alt sein würde, wenn es so weit sein würde. Die Rechnung war einfach. Meine Mutter würde mit Mitte 80 sterben und ich wäre dann etwa Anfang 60 und hätte schon mein Leben gelebt.

Doch die Rechnung ging nicht auf. Nun ist sie an den Krebs gestorben und meine Ängste sind Realität geworden. Das Buch war ein Versprechen an meine Mutter und gleichzeitig wohl auch, um es zu verarbeiten, dabei habe ich versucht, so authentisch wie möglich zu sein. Wobei ich nicht alles bis ins Detail offenbaren konnte, da die Art am Krebs zu sterben manch menschenunwürdige oder auch erniedrigende Situation mit sich gebracht hat. Dies muss ich mit mir ausmachen.

Ich habe in der Zeit viel nachgedacht und hatte auch viele schlaflose Nächte. Ich schlafe bis heute recht wenig und ich habe wenig von meiner Mutter geträumt. Warum auch immer, da ich eigentlich viel im Traum verarbeite – so war es bei meiner Tochter und bei meiner Oma.

Als erkannt wurde, dass meine Mutter Bauchspeicheldrüsenkrebs hatte und nur noch etwa zwei Jahre zu leben haben würde, haben wir versucht, noch so viel Zeit wie möglich miteinander zu verbringen und gemeinsame Urlaube miteinander zu verleben.

Aber nach dem Wohnmobil-Urlaub mit Dietmar, Karin, Beate, Klaus, Kay, Küken und ich im Juli 2021 (wir waren mit drei Wohnmobilen unterwegs), wo es schon schwierig war, den Urlaub zu genießen und meine Mutter beschlossen hatte, die Chemo zu beenden, waren die anderen geplanten zwei Urlaube nicht mehr wirklich sinnvoll, da meine Mutter fast nur noch schlief und Schmerzen hatte.

Unser Aida-Urlaub im August war für mich psychisch schwer zu ertragen und unsere letzte Reise im September 2021 auf Sardinien war, wie weiter vorne im Buch beschrieben, für mich und meine Mutter die Hölle auf Erden.

Ich habe meine Tochter an die Mutter und an das System verloren. Oma habe ich an die Zeit verloren und meine Mutter an den Krebs.

Jeder Verlust hat mich auf eine Art geprägt, aber den Verlust meiner Mutter hat mich innerlich verändert.

Ich habe viel geweint, während ihrer Krankheit und auch danach. Ich habe danach auch getanzt, gelacht und einfach gelebt, aber ich habe immer wieder die Einsamkeit gespürt.

Meine Mutter hat am Krankenbett gesagt, dass sie Angst hat, dass ich dem Alkohol verfalle und mit meinem Leben nicht mehr zurechtkomme. Mein Versprechen war, dass ich mein Leben lebe, und zwar so, dass sie weiterhin stolz auf mich sein könne. Was ich denke, ganz gut zu erfüllen.

Ich suche meinen Frieden in der Natur und spüre da besonders meine Freiheit und mein Glück.

Meine Zeit mit meinen Freunden nehme ich mir auch, auch wenn ich immer mehr spüre, dass ich mehr Zeit für mich brauche.

Die Zeit mit meiner Mutter war ein Segen und ich vermisse nicht nur ihre Liebe, sondern auch ihre Art, ihr Lachen, ihre Zuversicht und ihren Humor.

Ihre Liebe zu mir wird einzigartig bleiben und es wird keine Frau mehr geben, die mich so lieben wird. Das ist mir bewusst, aber ich durfte diese Liebe erfahren und nichts im Leben ist selbstverständlich.

In vielen Zeilen hier wurden Tränen vergossen und ich weiß, dass meine Mutter mich mehr Lachen sehen möchte, und diese Momente hatte ich natürlich auch. Denn ich habe mein Lachen nicht gänzlich verloren und arbeite daran, meinen inneren Frieden zu finden mit dem Tod meiner Mutter. Das Unbeschwerte und meine Leichtigkeit habe ich jedoch verloren.

Als ich mit Christine zusammensaß und ihr sagte, dass mein Herz gebrochen sei, war ihre Antwort, dass sie das schade fände, dass ich das so wahrnehme. Und dass sie sich wünschen würde, dass ich das Erlebte mit meiner Mutter und die Liebe einfach als einen Segen wahrnehmen sollte und mich positiv daran erinnern solle. Ja, ich bin dankbar für dieses Geschenk, doch der Schmerz und der Verlust überwiegen oftmals.

Ich weiß, dass mein Schicksal überall und ständig passiert und während ich diese Zeilen schreibe, ist wieder etwas Schreckliches passiert auf der Welt.

Aber das ist kein Trost für mich.

Ich werde das Leben genießen und jeden Augenblick, den ich gesund bin, auch zu schätzen wissen. Das bin ich mir und meinem Küken schuldig. Dabei brauche ich weder Geld noch Anerkennung oder Sonstiges, um glücklich zu sein.

Nur meine Einstellung zum Leben und meine Dankbarkeit für das, was ich habe.

Kay habe ich wenig besucht nach dem Tod meiner Mutter, aber ich fühle mich nicht mehr wohl in der Wohnung. Die Wohnung, in der ich meine Kindheit verbracht habe und meine Mutter ihr Leben verbracht hat, ist für mich ein fremder Ort geworden.

An jedem 15. Tag im Monat poste ich in meinem WhatsApp-Status eine gemeinsame Erinnerung mit meiner Mutter. Eigentlich wollte ich das nur ein Jahr lang machen, aber ich kann nicht damit aufhören. Ich möchte nicht, dass sie in Vergessenheit gerät. Nicht bei mir, denn das wird nie geschehen, aber auch bei anderen ist es mir wichtig. Es gab Tage, und besonders jetzt nach über drei Jahren nach ihrem Tod, kommt die Traurigkeit mit aller Wucht wieder und es wird mir bewusst, was ich verloren habe.

Meine Mutter hatte ein gutes Leben und das zeigen die ganzen Fotos, die ich mir durchgeguckt habe in ihrem alten Archiv an Fotos. Und ich bin dankbar für jeden einzelnen Menschen, der das Leben meiner Mutter bereichert hat.

Es gibt Situationen auf der letzten Reise mit meiner Mutter, die ich nie vergessen werde. Und die Gedanken daran bringen mich immer wieder zum Weinen.

Der Moment, wo meine Mutter verzweifelt, weinte im Krankenhaus, wo sie psychisch und physisch an ihre Grenzen gekommen ist und sie das erste Mal in meinem Beisein bitterlich weinte.

Als sie blutüberströmt im Krankenbett saß und ihre Schläuche aus ihrem Körper zog.

Ihren letzten Atemzug miterlebt zu haben.

Ihr strahlendes Gesicht zu sehen, als ich früher als erwartet mit Christine in Gifhorn im Krankenhaus ankam und sie verwundert war, dass ich ihr so schnell hinterher reisen konnte.

Und mein Geheimnis, das ich mit ins Grab nehmen werde und ich es keinem erzählen kann.

Küken, du bleibst ewig in meinem Herzen, bis mein Herz eines Tages nicht mehr schlägt. Unsere letzte Reise war leider nicht schön, aber es zeigte, wie echt unsere Liebe war und bis zum Schluss waren wir zusammen und du bist nicht allein gestorben.

Das war für mich sehr wichtig. Ich weiß, dass du nicht wolltest, dass ich dabei bin. Aber der Gedanke, dass ich woanders bin bei deinem letzten Atemzug wäre unserer Liebe nicht gerecht geworden und ich hätte es immer bereut, dich in diesem Moment alleingelassen zu haben.

Deine Liebe werde ich meinem Sohn weitergeben. Für meine Tochter werde ich das leider nicht tun dürfen, aber wenn ich sie eines Tages wiedersehen sollte, werde ich Enni ausrichten, dass du so gerne für sie eine gute Oma gewesen wärst. Wie versprochen. Und Maiki wird die gleiche Liebe, Zuversicht und Vertrauen von mir bekommen, wie ich es von dir bekommen hatte.

Danke für alles! Ich werde dich immer vermissen.

Ich merke immer wieder, was ich an dir verloren habe, und werde Momente haben, wo ich dich besonders vermisse und meine Tränen werde ich nicht unterdrücken können, aber ich werde wieder lachen. Denn: Versprochen ist versprochen.

Dein dich liebender Sohn

Ich bin kein Schriftsteller und weiß auch nicht, wie man Bücher schreibt, aber ich habe hier einen Teil meiner Gefühlswelt geöffnet und versucht, dem Leser unsere letzte Reise so authentisch wie möglich zu schildern. Wir alle müssen früher oder später mit Verlusten umgehen und jeder muss es auf seine Art und Weise verarbeiten. Ich habe es unter anderem mit dem Buch getan, auch wenn ich mich damit sehr schwergetan habe. Ich bin froh, es umgesetzt zu haben, auch wenn es nur ein sehr kleines Buch geworden ist.

Aber grundsätzlich habe ich das Buch für meine Mutter geschrieben, denn das war ihr letzter Wunsch.

Danke an alle für eure Anteilnahme und euer Mitgefühl

Besonders danke ich …

Christine, die immer für mich da war in der schweren Zeit und die mich in der Umsetzung dieses Buches unterstützt hat und viel Zeit investiert hat.

Beate, die im Krankenhaus stets an meiner Seite war und mich dort nicht allein lassen wollte.

Veronica, die meine Mutter nochmal zum Lachen brachte bei ihrem letzten Krankenhausbesuch.

Heidrun für ihre Loyalität und Freundschaft an meiner Mutter.

Kay, der viel opfern musste in der schwierigen Zeit.

Isabel, die meine fehlerhafte Schreibweise korrigiert hat und sich die Zeit genommen hat.

„Keine Beziehung zu einem anderen Menschen ist ohne Risiko, doch deine Liebe war immer ehrlich und inbrünstig.

Unsere Liebe ist etwas Besonderes gewesen und du hast mich nie enttäuscht.

Ich glaube an das 1.Korinther 13, 7: Die Liebe
erträgt alles, sie glaubt alles, sie hofft alle, sie
duldet alles.

In meinem Herzen
wirst du
immer sein …